SIÉGE DU CHATEAU D'ALICANTE

ET SURPRISE DE TORTOSE

Pendant la guerre de Succession en Espagne.

I.

Siége du château d'Alicante en 1708 et 1709.

AVEC UN PLAN.

Le 3 décembre 1708, le chevalier d'Asfeld, lieutenant-général, qui commandait l'armée des deux Couronnes dans le royaume de Valence, dont il était gouverneur, s'empara de la ville d'Alicante en vertu d'une capitulation conclue avec sir Richard Siburch, maréchal-de-camp, gouverneur de la ville et du château. En exécution de cette capitulation, la garnison de la ville, qui était forte de trois bons régiments, fut

conduite par terre à la plus prochaine place de Catalogne au pouvoir des alliés, et sir Richard se retira
dans le château avec environ 800 hommes. Le chevalier
d'Asfeld donna pour raison des conditions avanta-
geuses qu'il accordait au général anglais, que l'ennemi,
étant maître de la mer, aurait toujours pu retirer la
garnison de la ville, et qu'au prix de ces conditions il
gagnait tout le temps que l'attaque de la ville eût exigé.
Ce temps n'était pas considérable. En quatre jours on
eût ouvert les murs d'Alicante, et mis l'ennemi dans
un grand embarras.

Le château d'Alicante est situé à l'est de la ville, sur
une hauteur escarpée de tous les côtés, et élevée de
120 mètres au-dessus de la mer qui en baigne le pied,
au sud. On ne pouvait espérer de le réduire que par
la famine ou par quelque moyen d'attaque extraordinaire. Le blocus ne pouvait être que long; le gouverneur avait annoncé qu'il se défendrait jusqu'à la dernière extrémité et on savait qu'il avait des vivres pour
six mois; l'eau seule eût pu lui faire défaut, si l'on
n'eût pas été à l'époque de l'année où les citernes se
remplissent. Le chevalier d'Asfeld devant retourner à
Valence avec une partie des troupes, M. de Ronquillo,
maréchal-de-camp, fut chargé du blocus avec 7 bataillons et 7 escadrons; il pouvait, en outre, disposer
de 12 à 1,500 paysans fidèles et bien armés, qui avaient
été organisés en compagnies, et qu'on pouvait ras-
sembler en vingt-quatre heures. On resserra le château
du côté de la campagne, on lui opposa quelques bat-
teries du côté de la ville, et on prit des précautions
contre une descente pour empêcher les secours par
mer; à cet effet, on arma de 4 pièces le grand bastion
du faubourg Saint-François sur le bord de la mer, et

l'on construisit à la tête du môle une batterie de 5 pièces. Ces précautions remplirent leur objet : 5 vaisseaux
de guerre anglais, qui se présentèrent le 15 janvier
devant Alicante, furent obligés de se retirer après une
vaine canonnade. Rassurés par la force de leur position sur la pointe d'un rocher, les ennemis inquiétèrent
fort peu nos premiers travaux. Dans la suite ils établi-
rent une batterie à mi-côte, au-dessous d'une espèce
de bastion, d'où ils soutenaient les pièces de la batterie par des cordages. Ces pièces plongeaient dans la
ville au-delà de ce qu'on aurait cru et y gênaient fort
les communications.

Le moyen d'attaque extraordinaire, auquel le chevalier d'Asfeld résolut d'avoir recours, lui fut proposé
par Delorme, célèbre capitaine de mineurs, connu par
ses démêlés avec Cormontaingne, et qui périt en 1747
au siége de Bergopzoom. Delorme proposa de faire
jouer sous le château d'Alicante une mine chargée de
120,000 livres de poudre, toute la contenance d'un
magasin à poudre ordinaire des places de guerre. La
profondeur démesurée de l'entonnoir qu'il fallait ouvrir, et qui est évaluée dans la correspondance de De La
Cour, qui commandait les ingénieurs, à 20 toises,
chiffre peut-être exagéré, ne l'effraya point (1). Il pro-
mit qu'au bout de trois mois, elle serait en état, et tint
parole. Tout en convenant que l'on manquait d'expé-
rience pour calculer l'effet d'une charge si considérable,
De La Cour ne doutait point du succès. Pensant qu'il
ne fallait pas regarder à la dépense en considération
de l'importance du résultat qu'on obtiendrait, le che-

______

(1) Nous souhaitons que les rédacteurs du *Memorial de Ingenieros*
veuillent bien rectifier ce chiffre, ainsi que celui de la hauteur du château et le plan de sa fortification.   A.

valier d'Asfeld passa outre, donna ses ordres et partit pour Valence.

Le premier travail que l'on dut exécuter fut de pratiquer un long chemin en zigzag, partant de la ville, pour arriver au point où l'on voulait entrer en galerie. Ce point était situé à 20 toises, comme nous l'avons dit, au-dessous du bastion du château qui regarde l'ouest ; une partie du chemin ne put être défilée de la fortification. On commença à entrer en galerie le 7 décembre ; au bout d'un mois, pendant lequel on avait travaillé le jour et la nuit, la galerie avait atteint la longueur de 17 mètres. A cette distance le roc se trouva si dur qu'il fallait y faire jouer des pétards de six livres de poudre pour pouvoir continuer la galerie. Au rapport des déserteurs, leur explosion faisait trembler les bâtiments du château et les affûts sur les plates-formes. Cependant le gouverneur et son ingénieur, nommé Puget, qui était Languedocien, traitaient de pétarade le volcan dont ils étaient menacés ; ils regardaient la mine de Delorme comme un travail des Romains, qui demandait deux ans pour son exécution. On apprit que toutefois ils faisaient travailler à un puits de contre-mines ; mais Delorme espérait être en mesure de faire jouer ses fourneaux avant que ce puits fût assez profond pour nuire à leur effet.

De La Cour partit le 8 janvier 1709 pour aller donner des ordres à Tortose, et laissa le commandement des ingénieurs à M. de la Rérie.

La nuit du 12 au 13, le gouverneur fit faire une sortie pour reconnaître la mine. Vingt-cinq grenadiers espagnols qui en gardaient l'entrée, saisis d'une panique, abandonnèrent leur poste, qu'ils pouvaient aisément défendre contre des forces supérieures. L'ennemi entra dans la galerie et y fit prisonniers trois mineurs. M. de Ronquillo ne lui donna point le temps d'y causer aucun dégât, et sur la demande des officiers espagnols, il fit un exemple de sévérité par la manière dont il châtia la lâcheté des grenadiers. Ces malheureux tirèrent au billet ; deux eurent la tête cassée.

Au commencement de février, le gouverneur fit construire de petits logements avec des sacs à terre sur le bord des rochers à portée de pistolet de l'entrée de la galerie. Des hommes y descendaient du château par des échelles, et rendaient la communication des mineurs impraticable de jour, et très dangereuse la nuit. Le 12, M. de Ronquillo fit travailler à une batterie de quatre pièces destinée à ruiner ces logements ; le 20, on n'avait pu encore en venir à bout. Toutes ces chicanes faisaient craindre que le transport des 120,000 livres de poudre qui devait s'effectuer par un passage assez long, exposé aux bombes et aux artifices du château, ne fût très difficile et sujet à des accidents.

Delorme poussait ses travaux avec activité ; sans cesse dans la galerie, il animait les mineurs par sa présence. Il avait d'abord eu l'intention de ne faire qu'un fourneau, et il eût peut-être bien fait de suivre cette idée. Par les conseils de De La Cour, il en fit trois, le 1er pour 20,000 livres de poudre, le 2e pour 40,000, et le 3e pour 60,000 ; ce dernier devait, comme on le voit par le plan, produire son effet dans l'intérieur du château. La galerie eut 35 mètres de longueur. Il est évident que le succès complet de trois fourneaux, reposant sur la simultanéité de leur explosion, qui n'a pas toujours lieu, est moins assuré que l'effet d'un seul fourneau.

Sir Richard et Puget continuaient à se moquer de la

mine, et publiaient qu'ils étaient résolus d'en attendre l'effet. Le chevalier d'Asfeld et De La Cour admiraient le génie de Delorme qui avait eu l'idée de cette mine-monstre. Ils écrivaient qu'il aurait tout l'honneur de la prise du château d'Alicante ; ils ne pouvaient croire, et ce fut peut-être la véritable cause de leur confiance, que le gouverneur pousserait les choses à la dernière extrémité, et qu'il refuserait une capitulation honorable lorsqu'il serait convaincu de la réalité du danger auquel il exposait sa garnison. Après l'événement, De La Cour écrivait encore que l'on n'aurait jamais cru que le gouverneur souffrirait qu'on fît jouer la mine. Quant à Delorme, sa confiance était fondée sur l'effet réel que ses fourneaux devaient produire.

Tout étant prêt, le 26, le chevalier d'Asfeld arriva à Alicante avec De La Cour, pour voir sur les lieux les remèdes qu'il pourrait trouver pour lever les obstacles que les ennemis mettaient au transport des poudres. Déjà par ses ordres, 800 peaux de boucs avaient été préparées pour servir à cette opération. Le 27, il fit sommer le gouverneur, qui répondit avec beaucoup d'honnêteté qu'il était résolu à se défendre. Il donna alors ses ordres pour charger la mine. M. de Ronquillo prit le parti de faire transporter les poudres en plein jour sous la protection d'un grand feu de canons et de mousqueterie dirigé contre le château. Le 28, on porta à la mine 80,000 livres de poudre sans que l'ennemi s'en aperçût. Le 1er mars, on porta le restant des 120,000 livres avec le même succès. A dix heures du matin, les fourneaux étaient chargés et à trois heures de l'après-midi, tous les bois nécessaires pour le bourrage étaient déposés à l'entrée de la galerie. Nous ne croyons pas qu'on puisse citer un exemple d'une pareille célérité, qu'on pourrait refuser de croire, si plusieurs pièces officielles ne garantissaient l'exactitude du fait. De nuit, le transport des poudres eût été plus long, plus difficile et sujet à des accidents.

Le 2, croyant qu'il était contre l'humanité de faire jouer la mine sans avoir sommé une seconde fois le gouverneur, le chevalier d'Asfeld l'engagea à la faire reconnaître. Sir Richard fit sortir du château deux officiers, qui voyant que la mine était déjà en partie masquée, crurent qu'on voulait leur en imposer, ne pouvant pas croire qu'on eût pu en deux jours porter toutes les poudres qu'on disait être dans les fourneaux. Sur leur déclaration, non seulement sir Richard ne jugea pas à propos d'entrer en capitulation, mais l'histoire rapporte (1), qu'avec Puget et quelques officiers anglais, convaincus comme lui que l'entreprise avorterait, il voulut par vanité passer la nuit de l'explosion annoncée sur le bastion qui devait sauter. Cette bravade fut promptement et cruellement châtiée.

Le 3, on acheva le bourrage de la mine. Le 4 (2), à la pointe du jour elle joua, elle emporta une partie des logements du château et ruina le reste, fit sauter un bastion entier, ouvrit une brèche à la seconde enceinte et endommagea la grande citerne. On entendit des cris confus dans le château. Sir Richard, Puget, 5 capitaines, 3 lieutenants (3) et 40 soldats sautèrent

----

(1) *Resumen historico del arma de Ingenieros*, page 63. Voyez le numéro du 15 mars dans lequel on a rendu compte de cet ouvrage.

(2) Quincy et Pinard disent par erreur le 6 avril.

(3) Mémoires du règne de Philippe V, par le marquis de Saint-Philippe, tome II de la traduction, page 250. Amsterdam, 1756.

ou furent ensevelis sous les décombres ; plusieurs corps furent trouvés gisants parmi les débris lancés de toutes parts. Mais les fourneaux ayant joué dans le roc, la brèche était escarpée et n'était pas praticable. Un lieutenant-colonel anglais prit le commandement, et, soutenu par les religionnaires français qui faisaient partie de la garnison, il prolongea la défense du château jusqu'au 17 avril. A cette époque les vivres et surtout l'eau manquaient à la garnison. Une flotte anglo-hollandaise étant arrivée dans les parages d'Alicante, le major général Stanhope conclut, le 18, une capitulation pour la remise du château, avec le lieutenant-général Don Gaetano, napolitain, qui avait remplacé dans le commandement du royaume de Valence le chevalier d'Asfeld, alors à Madrid. La garnison obtint les honneurs de la guerre, ne fut pas prisonnière et s'embarqua au faubourg *Rogo*, dit de la Roche, dans les dépêches officielles.

Quoique les fourneaux de Delorme eussent produit un grand désordre dans le château, on attendait un effet plus considérable de la charge que l'on y avait mise. On regretta la consommation d'une si grande quantité de poudre. Le chevalier d'Asfeld écrivit, et Quincy a répété que la mine fut éventée par des fentes qui se trouvèrent dans le rocher. L'auteur du Résumé historique de l'arme des ingénieurs en Espagne rapporte, en s'appuyant sur Don Juan José Navarro, capitaine général de la marine espagnole, contemporain (1), que le troisième fourneau ne joua pas. De La Cour fait remarquer que la distance à laquelle le

---

(1) *Tratado de geografia*, par D. Juan José Navarro, cité à la page 15 de la vie de cet illustre capitaine-général, publiée à Madrid, en 1808, par le capitaine de frégate D. José de Vargas y Ponce.

tremblement de terre causé par l'explosion se fit sentir, fut à peine de 600 mètres. Néanmoins la mine de Delorme avait ouvert, comme il l'avait promis, le château d'Alicante, et, ce qui fut cité comme remarquable, c'est qu'elle ne causa de dégât, ni dans la ville, ni dans les faubourgs. Si la valeur (20 toises) assignée à la ligne de moindre résistance est exacte, on trouve, en calculant la charge par les formules des mineurs, qu'elle eût dû être plus considérable qu'elle n'a été, ne fût-ce que pour ouvrir un entonnoir ordinaire dans des terres de moyenne consistance : ce qui nous persuade, puisque la mine a produit un effet extérieur considérable, que la valeur assignée à la ligne de moindre résistance est exagérée.

Le chevalier d'Asfeld et De La Cour ne laissèrent pas, dans leurs rapports au ministre, que de rendre témoignage de la capacité et du zèle que Delorme avait montrés dans cette occasion. On n'a pas eu depuis d'exemple où la poudre ait exercé son action sous une ligne de moindre résistance approchant de 120 pieds, plus de deux fois la hauteur ordinaire des cinquièmes étages de la capitale.

II.

Surprise de Tortose en 1708.

Tandis que le chevalier d'Asfeld s'emparait d'Alicante, l'ennemi tentait le même jour, sur Tortose, une surprise, que firent échouer le courage des troupes, la présence d'esprit des officiers, le bon accord qui régna entre les divers corps de la garnison. Ce fait d'armes, que nous ne comparons pas à ceux semblables de Crémone et de Bergopzoom, est néanmoins très remarquable. Quincy ne l'a point omis dans son *Histoire militaire du règne de Louis-le-Grand* (1), mais nous ajouterons à sa narration quelques détails qui la compléteront et la rendront plus instructive pour les militaires.

Tortose est une grande place sur la rive gauche de l'Ebre, qui forme un des longs côtés de l'enceinte, dirigé du nord au sud. Un second côté plus petit, couvert par le bastion Saint-Pierre, sur le bord de l'Ebre, et le bastion Saint-Jean, (appelé dans Quincy le bastion Saint-Charles), s'appuie au fleuve en aval et regarde le sud-est. La demi-lune du Temple n'existait pas à cette époque ou n'était qu'ébauchée. Un troisième côté, composé du bastion des Croix, du bastion du Saint-Esprit et du bastion des Carmes, se développe sur un plateau qui a 60 mètres d'élévation et regarde l'est. Enfin au nord, à partir du bastion des Carmes, la place est fermée par un mur non terrassé qui traverse le ravin du Rastro (nom d'un torrent), enveloppe des maisons et s'appuie à un rocher escarpé, sur lequel est bâti le château de Tortose. Ce rocher forme l'extrémité d'un contrefort qui sépare le ravin du Rastro du ravin du Remolinos. Entre le château et l'Ebre est le front de la Cortadura, qui était interrompu par une brèche à sa jonction avec le château ; le bastion de droite de ce front était imparfait. En avant de ce front est le faubourg de Remolinos, qui est enveloppé par un mur crénelé, avec fossé et chemin couvert. Enfin en avant de ce faubourg était la

___

(1) Tome VI, page 102. L'*OEstreichische militarische Zeitschrift* a publié en 1840 (3ᵉ volume, page 155) un article sur la guerre de la Succession d'Espagne, en 1708, dans lequel on trouve aussi un récit de la surprise de Tortose, rédigé sur les rapports officiels autrichiens. Nous y avons puisé quelques faits ; ce récit, du reste, contient des inexactitudes.

Tenaza (la Tenaille), petit fort sur la croupe d'un contrefort. Nous passons sous silence les fortifications qui
depuis ont été ajoutées à Tortose.

Cette place avait soutenu un siége, il y avait peu de
mois, et les brêches qui avaient été faites aux ouvrages
n'étaient pas encore entièrement fermées. La garnison
n'était composée que de cinq faibles bataillons, de
quelques canonniers et de quelques cavaliers, le tout
sous le commandement de M. Adrien de Bétancourt,
d'une maison originaire de France, mais Espagnol de
nation. Deux bataillons étaient français, du régiment
de Blaisois, les trois autres étaient espagnols, un
d'Asturie, un de Murcie, et un de Truxillo. La force
de chacun n'était que de 300 hommes au plus. Avec
une garnison aussi faible, M. de Bétancourt ne gardait
rien à l'extérieur, et se bornait à faire faire des patrouilles. L'éloignement de l'ennemi, qui était à vingt-
sept lieues de distance, à Tarragone, lui inspirait sans
doute de la sécurité. D'un autre côté les armées des
deux Couronnes n'étaient pas à portée de le secourir ;
cette considération eût dû diminuer sa confiance.
Enfin, l'ennemi ne pouvant venir à Tortose que par
un seul chemin qui est étroit, il lui eût suffi, pour
être en garde contre une surprise, de tenir des partis
sur ce chemin, ce qui n'eût pas affaibli sa garnison.

Informé de toutes ces circonstances par les intel-
ligences qu'il avait dans la place, le comte de Starhemberg, lieutenant-général, qui commandait les
troupes alliées en Catalogne, prit sur lui de tenter la
surprise de Tortose, projetée par le ministre Perlas. A
cet effet il rassembla à Tarragone, à la fin de novembre,
sous les généraux Stanhope, Wetzel, Effern et Eckh,
3,100 hommes d'infanterie d'élite, (500 Anglais,

2,600 Allemands), 1,000 chevaux, 130 charriots, 600 échelles, et fit charger des munitions de guerre sur trois barques qui étaient dans le port. Le bruit de ces préparatifs qui trahissaient une expédition, parvint à M. d'Estaing, lieutenant-général, qui commandait à Barbastro ; il fit approcher des troupes de Tortose, mais pas assez à temps pour renforcer la garnison avant l'attaque.

Les troupes ennemies partirent de Tarragone le 1er décembre, et marchèrent de nuit jusqu'à leur destination pour n'être point vues. M. de Starhemberg avait pris en outre la précaution de faire occuper les environs de Tortose par un nombre considérable de miquelets pour ôter tout avis de sa marche à la garnison. Il arriva devant la place par le col d'Alva, le 4 décembre à 3 heures du matin, et prit position de sa personne avec la cavalerie à l'ermitage de capucins qui est à la vue de Tortose, au sud-est. Jusque là tout lui avait réussi : il n'avait été ni découvert ni trahi.

M. de Starhemberg résolut deux attaques, l'une sur le haut Èbre, par le faubourg de Remolinos, l'autre sur le bas Èbre ; cette dernière se partagea en deux.

L'attaque du haut Èbre, conduite par le général hollandais Wetzel, et composée de troupes allemandes, déboucha par le ravin de Remolinos, surprit une patrouille endormie, coula le long de l'Èbre entre le faubourg à sa gauche et le fleuve à sa droite, et arriva à une estacade où elle essuya la décharge d'un poste de 7 à 8 hommes, qui ensuite prit la fuite. Elle coupa alors les palissades de deux estacades, passa le fossé de l'enceinte du faubourg de Remolinos, appliqua ses échelles à l'enceinte et pénétra dans ce faubourg. L'alarme qu'elle répandit y réveilla tout le monde. Les officiers de Blaisois qui y étaient logés en grand nombre n'eurent que le temps de rentrer dans la place comme ils purent; cinq furent faits prisonniers, tous perdirent leurs bagages. Au bruit qu'il avait entendu dans le faubourg, M. de Bétancourt s'y était porté avec sa simple garde; il n'y fut pas plus tôt arrivé qu'il fut tué par la première décharge de l'ennemi. Sa garde se replia alors sur la porte de Cortadura, qu'elle fut heureuse de pouvoir fermer; très peu s'en fallut que l'ennemi n'entrât dans la place avec elle. Trompé dans son attente de surprendre la porte de Cortadura qu'on laissait ouverte la nuit comme le jour pour le service des rondes et des patrouilles, le général Wetzel fit attaquer le bastion imparfait de Cortadura; son projet, s'il eût pénétré dans la place par cette lacune qui existait dans la fortification, était de s'emparer de la porte de communication du château avec la ville. Mais la confusion qui accompagne les attaques de nuit lui occasionna des retards qui donnèrent le temps au bataillon de Truxillo et aux grenadiers du 1er bataillon de Blaisois d'accourir sur ce point, et de repousser l'ennemi. Le général Wetzel avait en même temps fait attaquer par l'intérieur la porte du faubourg de Remolinos afin de s'ouvrir une communication avec la campagne. S'étant rendu maître de cette porte qui était faiblement gardée, il ne songea plus qu'à disposer ses postes dans le faubourg pour pouvoir s'y maintenir. A cet effet, il y occupa fortement le couvent de Saint-Jean.

Cependant les principaux officiers de la garnison s'étant rassemblés après la mort de M. de Bétancourt, le marquis d'Ordogno, colonel de Murcie, avait déclaré qu'il fallait obéir à M. de Longchamps, lieutenant du roi. Cet avis avait été adopté. Le conseil avait arrêté ce qu'il convenait de faire, et chacun s'était rendu à son poste. Le marquis d'Ordogno fut chargé de défendre la Cortadura. M. de Langrune Caligny, ingénieur, fit travailler à en retrancher rapidement la brèche. Le lieutenant du roi se rendit au bas Èbre. Il avait ordonné aux bourgeois d'éclairer leurs fenêtres, et avait commandé des patrouilles de cavalerie, pour contenir dans le devoir ceux qui auraient voulu remuer.

Au bas Èbre, où M. de Starhemberg était en personne, et où l'attaque s'était partagée en deux, une colonne s'était dirigée le long du fleuve, avait coupé les palissades de deux estacades, et malgré un feu considérable qu'une garde du bataillon de Murcie lui avait fait essuyer, elle était entrée dans le fossé du bastion Saint-Pierre, et avait dressé ses échelles contre le flanc du demi-bastion de gauche; mais les unes se trouvèrent trop courtes et les autres furent culbutées par les grenadiers du deuxième bataillon de Blaisois commandé par le capitaine Dubosc.

La deuxième colonne, conduite par le général Stanhope, se porta contre le bastion Saint-Jean appelé aussi le bastion Saint-Charles, qui avait été un peu ruiné pendant le siége et n'était pas encore réparé. Elle réussit à l'escalader, en surprit la garde, qui n'était que de dix hommes et un lieutenant, et s'en rendit maître. En même temps quelques soldats ennemis sapaient à coups de hache la porte Saint-Jean. En attendant qu'elle fût ouverte, les troupes qui avaient escaladé le bastion s'y tenaient tranquilles pour ne pas répandre l'alarme dans la place. Mais la surprise avait été découverte, et le premier bataillon de Blaisois, conduit par M. Dourout, son lieutenant-colonel, vint attaquer l'ennemi au moment où il essayait de tourner contre la place six pièces qui étaient dans le bastion. C'est sur ce point que la résistance fut la plus opiniâtre de la part de l'ennemi; elle dura environ deux heures, au bout desquelles il fut repoussé avec perte de soixante hommes. Un feu vif de mousqueterie l'avait empêché de se servir des pièces, et en profitant d'une tour qui flanquait la porte, on acheva de faire échouer son attaque (1).

Le bataillon d'Asturie, qui gardait les fronts de l'est, eut aussi à repousser une fausse attaque. Quelques soldats ennemis tentèrent d'escalader le bastion du Saint-Esprit, mais ils furent tués au nombre de quatorze dans les embrasures.

Le jour étant venu, l'ennemi ne se montra plus sur le bas Èbre; on fit quatorze prisonniers, que l'on trouva dans les fourneaux du chemin couvert où ils s'étaient cachés. Mais le faubourg de Remolinos était toujours occupé par le général Wetzel, malgré les pertes que faisait essuyer à ses troupes l'artillerie du château, habilement dirigée par le colonel don Andrea Patigno. Le 4, le lieutenant du roi résolut de le faire attaquer. Les officiers étaient impatients de rentrer dans ce faubourg; ils craignaient que l'ennemi ne finît par enfoncer la porte de Cortadura ou qu'il n'enlevât la place par la lacune qui était dans cette partie de la fortification. Le marquis d'Ordogno commanda cette attaque. A dix heures, quatre compagnies sortirent par

---

(1) D'après la relation autrichienne, l'ennemi serait parvenu à ouvrir la porte Saint-Jean, et l'on aurait combattu en même temps dans le bastion et dans les rues de la ville. Ce fait n'est point mentionné dans les rapports officiels français.

la brêche, et une cinquième par la porte de secours du château. S'étant jointes, et soutenues par cinq autres compagnies, elles repoussèrent l'ennemi jusqu'au couvent Saint-Jean dans le faubourg, lui firent trente prisonniers, mirent le feu aux maisons voisines du rempart, et rentrèrent dans la place. Le général Wetzel fut blessé. La garnison perdit deux officiers supérieurs espagnols blessés et faits prisonniers. Le reste du jour se passa à canonner et à bombarder le faubourg et particulièrement le couvent où l'ennemi s'était retranché. Le clocher en fut abattu, et d'après la relation autrichienne, il ensevelit cent hommes sous ses ruines.

La nuit du 4 au 5, M. de Starhemberg fit sonner la retraite. Elle était devenue nécessaire; ses troupes étaient fatiguées et manquaient de vivres; de toutes parts des détachements français, espagnols, avertis par le bruit du canon du danger que courait Tortose, s'en approchaient pour renforcer la garnison.

D'après la relation autrichienne citée, la perte de l'ennemi n'aurait été que de 195 hommes, savoir : 5 officiers et 40 hommes tués et 150 blessés. Elle dut être plus considérable. La garnison perdit 15 officiers, dont 9 faits prisonniers, et 150 soldats tués ou blessés.

Toutes les troupes de la place firent parfaitement leur devoir. Tous les officiers se distinguèrent. On ne vit jamais, dans une occasion si subite, tant d'ordre et d'intelligence. La place n'avait point de bombardiers; des officiers chargèrent et tirèrent les bombes.

AUGOYAT.

Paris. — Imprimerie de L. Martinet, rue Jacob, 30.

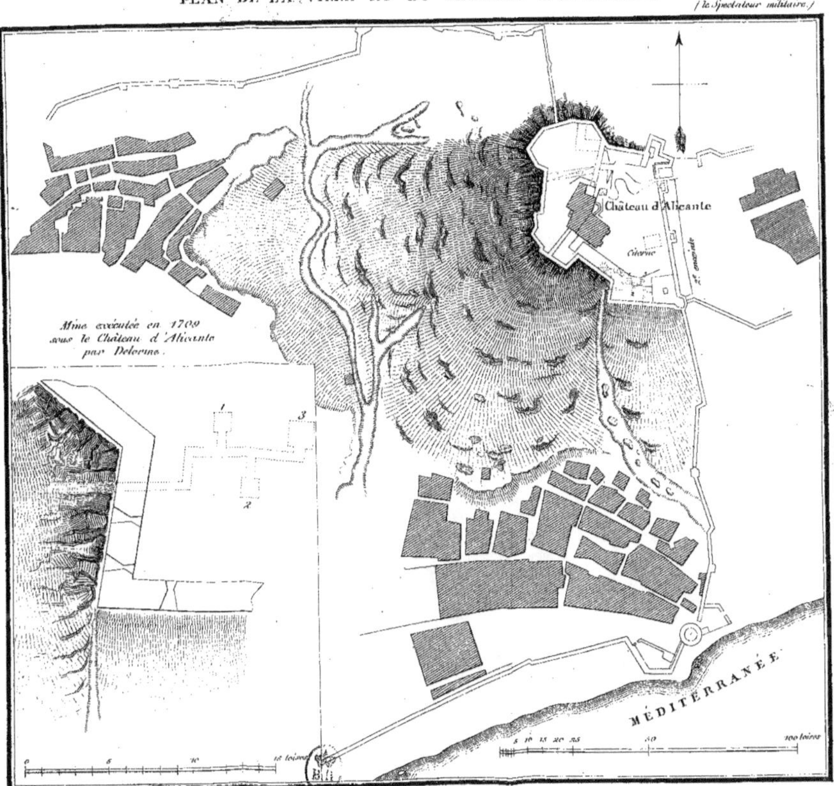
(le Spectateur militaire.)
Château d'Alicante
Citerne
Mine exécutée en 1709
sous le Château d'Alicante
par Delorme.
MÉDITERRANÉE
Gravé et Imp.é chez Gratia.